„Die Zweifel halten die Menschheit zusammen"

Henning von Vogelsang und Timo Fehrensen
im Gespräch mit Sir Peter Ustinov

„Die Zweifel halten die Menschheit zusammen"

Henning von Vogelsang und Timo Fehrensen
im Gespräch mit
Sir Peter Ustinov

Gerhard Hess Verlag • Ulm/Donau
2003

„Die Zweifel halten die Menschheit zusammen"
Henning K. Frhr. v. Vogelsang und Timo Fehrensen -
Im Gespräch mit Sir Peter Ustinov
Titelfoto und Fotos während des Gesprächs:
Henning K. Frhr. v. Vogelsang
Zeichnungen: Ferry Ahrlé (1; 1971) und
Rainer Schöttgen (4; 2003)
1. Auflage 2003

Rilkestr. 3, 88247 Bad Schussenried
Gesamtherstellung Gerhard Hess Verlag

ISBN 3-87336-193-0

SIR PETER USTINOV

Zeichnung: Rainer Schöttgen, 2003

Wenn man sieht,
was der liebe Gott auf der Erde alles zulässt,
hat man das Gefühl,
dass er immer noch experimentiert.

Peter Ustinov

Begegnungen

Die Zuschauer im Musical-Theater – verblüfft. Zumindest einige scheint's einigermaßen zu verwirren, was dieser ältere, schon etwas gebeugte Herr dort vorne zum Besten gibt. Er liest eine Novelle, eine, die er selbst geschrieben hat. Das kann er, den Anspruch verbindend mit der Unterhaltung, wie wenige andere. Von Modest Mussorgsky handelt das Stückchen Unterhaltungsliteratur. Vom alkoholisierten Mussorgsky, der die „Bilder einer Ausstellung" bewundert, die Aquarelle seines verstorbenen Freundes Viktor Hartmann. Von denen lässt er sich anregen zu einer Komposition. Und wie Ustinov die einzelnen Gemälde Revue passieren lässt, wie Ustinov die Wirkungen schildert, die eben diese Kunstwerke auf den Komponisten haben, das ist von pointensprühendem Witz, voll Geist und Esprit. Aber eben nicht für jeden; diejenigen, die diesen berühmten Herrn bellend, Witze und Anekdoten erzählend oder schlicht und einfach ziemlich ausgelassen erwartet haben, sind verwundert. Das ist nicht der Gag-Produzent, den sie lieben, der er in formvollendeter Ironie eben auch sein kann. Das ist der Künstler, der Literat, als der er sich am liebsten sieht. Denn schreibend kann er sich zurückziehen aus der Glamour-Welt, die er verachtet. Niemals ist er ein Party-Mensch gewesen, lieber zurückgezogen in seinem

Waadtländer Domizil verbringt er die Zeit am Schreibtisch oder notabene am Telefon, um seine Termine zu vereinbaren.
Ein Orchester begleitet Ustinov, spielt die russische Komposition. Nicht die Berliner Philharmonie hat man dem Sir Peter zur Verfügung gestellt. Es ist bloß das Musical-Theater am Potsdamer Platz, in dem ansonsten plärrende Synthesizer-Klänge im musikalischen Einheitsbrei rühren. Ustinov nimmt es gelassen, er weiß, dass seine Popularität ihn eben auch in solche Tempel der allerleichtesten Muse führt.
Nach der Pause dann Camille Saint-Saëns „Karneval der Tiere"; da liest er dann von dem Elefanten, der sich so viel merken kann, dass ihm selbst Telefonnummern, die längst nicht mehr gültig sind, nicht entfallen wollen. Und er erzählt von Känguruhs als australischen Austauschstudenten. Da wird's zunehmend launiger im Publikum, die literarische Humoreske entspricht schon eher dem, was viele sich vom Multi-Talent erwartet haben. Den Schriftsteller kennen viele nicht, etwa denjenigen, der mit seinem Buch „Krumnagel" eine bittere Abrechnung mit gesellschaftlichen Verhältnissen in den USA abgeliefert hat, der durchaus auch zu deftigen erotischen Beschreibungen (siehe „Monsieur René") fähig ist. Und sie kennen auch nicht den reisenden Feuilletonisten, der bitterböse Geschichten über die Unzu-

länglichkeit in allen Kulturen und Völkern zu erzählen weiß.
Wenn Ustinov geehrt wird, wie etwa an seinem 80. Geburtstag im Berliner Theater des Westens, dann stehen da einige Alt-Stars um ihn herum, die vor allem den Menschenfreund, den Unicef-Botschafter, den Schauspieler, weniger den Autor von Romanen, Essays und Bühnenstücken loben. Es sei ihnen gegönnt, ein Mensch wie Ustinov ist vielleicht auch zu komplex, um jemals in toto gewürdigt werden zu können.

Vor einigen Jahren, im Hamburger Hotel Vier Jahreszeiten. Wieder einmal ist Ustinov auf musikalischer Tour, etwas, was ihn in den letzten Jahren zunehmend begeistert. Ustinov residiert in einer Suite, ohne jemals den Anschein zu erwecken, als hätte er Luxus nötig. Von Ustinovs äußerst selbstbewusst auftretendem Agenten wird der Journalist ins Zimmer geführt. Keine Hemmschwelle gibt's zu überwinden. Hier geruht nicht der Meister, sich zu einer Unterredung mit einem Schreiberling herabzulassen, hier findet von vornherein ein Gespräch statt, so, als würden sich die beiden Herren schon seit vielen Jahren kennen. Man unterhält sich über den freiheitsliebenden Beethoven, über skurrile Archivare in französischen Museen und das nasse Novemberwetter in Hamburg. Zwischendurch ein

Anruf aus Paris, Ustinov spricht mit seiner Gattin, selbstverständlich französisch.
Ein Jahr später, in Ustinovs Chalet. Der Meister des polyglotten Plaudertons gibt sein Bestes. Im Laufe eines mehrstündigen Gespräches finden zahlreiche Telefonate statt, mal auf deutsch, mal auf italienisch, französisch oder englisch. Und der Journalist würde sich auch nicht wundern, wenn er auch einen Anruf aus Bangkok oder Kuala Lumpur in der jeweiligen Landessprache mit der altgewohnten Bonhomie beantworten würde.
Von Ustinov empfangen zu werden, heißt, unter Vermeidung jeglicher schwer bewachter Pforten, ohne Bodyguards oder streng blickende Sekretärinnen auszukommen. Schnurstracks geht's von der Haustür ins Wohnzimmer. Da sitzt der Meister und wird umsorgt von seiner Frau. Diese Hélène Ustinov ist der wichtigste Mensch in seinem Leben. Nicht nur des Trauscheins wegen, sondern vor allem als Ratgeberin, fast möchte man sagen als Kameradin. Madame Ustinov blickt nicht streng in die Runde, wenn da ein ihr unbekanntes Gesicht bei ihrem Gatten auftaucht. Gelegentlich setzt sie sich zu ihrem Mann und dem Gast, und die gelernte Journalistin weiß ebenso flink und geistreich zu antworten und verfügt über dieselbe Schlagfertigkeit wie ihr Mann - und das ist nun wirklich ein Meisterstück.

Zeichnung: Ferry Ahrlé, 1971

Da sitzt man nun zusammen in einem urgemütlichen Wohnzimmer. Auf dem Kaminsims steht einer der beiden Oscars, die Ustinov in den 60er Jahren bekommen hat, in der Ecke eine groteske Karikatur von Monsieur Poirot. Und überall verstreut Platten und Bücher. Eine LP mit Opernmelodien von Heinrich Marschner liegt gerade griffbereit.

Ustinov hat ein phänomenales musikalisches Gedächtnis, so dass selbst Rolf Liebermann einst schwärmte, dass Ustinov ihm, dem Schweizer, von vergessenen helvetischen Komponisten des 17. und 18. Jahrhunderts erzählen konnte. Ustinovs Liebe zur Musik ist es, die ihn vor allem in seinen späten Jahren begleitet. Und immer wieder ist es die Musik, auf die man zu sprechen kommt. Private Fragen werden ausgeklammert, und dem auch von Seiten der Yellow-Press häufig befragten Grandseigneur ist das wohl auch sehr recht. Er äußert sich nur selten über seine Familie, obgleich man ihm anmerkt, wie stolz er etwa auf seinen Sohn Igor ist, der als Bildhauer in Frankreich reüssieren konnte. Und Ustinov kann und will reden. Kein Zeit-Limit von 30 oder 60 Minuten. Er erzählt vom schwierigen Vater, von der geliebten Mutter, von der Verwandtschaft in der ganzen Welt. Und er spielt gerne. Er trägt vor den grimassierenden Charles Laughton, einen grummelnden italienischen Alt-

Wie ein armer Mensch zu leben,
macht nur dann Spass,
wenn man sehr reich ist.

Peter Ustinov

Mimen, den leicht versnobten John Gielgud und zwischendurch auch mal einen Hund. Denn der Gast hat Wein aus dem Badischen mitgebracht und Ustinov fällt dazu die württembergische Stadt Rottweil ein, und schon bellt er. Und erzählt weiter, von einem Freiburger Professor, der ihm, dem Gastdozenten an der dortigen Universität, einen Parkplatz auf dem universitätseigenen Gelände verwehren wollte, von englischen Skins, die ihn beinahe überfallen hätten, mit besonderer Begeisterung berichtet er von den absurden Situationen, die er im Krieg und bei der Begegnung mit Militärs erleben musste. Und er liebt das Haus, inmitten der Weinberge. Sein Wein ist, wie er selbst sagt, gut für Hochzeit, Taufe und andere Familienfeiern. Einen unkomplizierten, leichten Weißwein bekommt der Gast serviert. Der portugiesische Haushälter, der nicht nur für die Küche, sondern auch für zahlreiche andere Arbeiten zuständig ist, hat den Journalisten vom Bahnhof abgeholt. Einigermaßen schwierig ist es, Ustinovs Behausung zu erreichen. In der Nähe der Kleinstadt Rolles liegt das Dörfchen Bursins, inmitten der Weinberge, auf halbem Weg zwischen Lausanne und Genf. Hierhin hat sich der Weltbürger zurückgezogen. Den Trubel hat er nie gebraucht. Jetzt genießt er die Abgeschiedenheit, die er sich auf seinen zahlreichen früheren Reisen wohl häufig erträumt hat. Aber selbstverständlich ist er weiterhin in aller Welt

In Jaffa hatte sich Ustinovs Großvater niedergelassen.

unterwegs. Und zwischen zahllosen Auftritten in Europa steht denn sogar noch eine Urlaubsreise nach Thailand an. Den Hausherrn plagen manche Alters-Malaisen, die zum Teil bestimmt schmerzhaft sind, über die er sich mit Humor hinwegzutrösten sucht. Das Alter wird nicht jedem leicht gemacht, aber wer deshalb eine Spur Verbitterung beim großen Menschenfreund erwartet, der wartet vergebens. Drei Stunden Gespräch sind vergangen, und Ustinov würde sich noch weiter mit dem Gast unterhalten. Aber für die Ustinovs gibt es Abendessen, und auf den Gast wartet der Zug. Als denn ein Jahr später der deutsche und der liechtensteinische Autor Ustinov besuchen, gewährt man ihnen einen ähnlich freundlichen Empfang. Da sitzen denn die drei Männer zusammen und plaudern und plaudern, bis die Sonne untergeht. Und schon bei der Vorstellung des liechtensteinischen Kollegen bekam der Deutsche eine Kostprobe der berühmten Ustinov'schen Schlagfertigkeit präsentiert: Als er ihm am Telefon von diesem erzählte, war Ustinovs knappe Antwort: „Quo Vaduz?"

Peter Ustinov, eigentlich Petrus Alexandrus von Ustinov, geboren am 16. 4. 1921 in Cottage Village, London, als Sohn einer französischen Bühnenbildnerin, die ihrerseits Italiener und Äthiopier zu ihren Vorfahren zählte, und eines russischstämmigen deutschen Korrespondenten. Neben seiner Schauspiel-, Regie-, Schriftsteller- und Malerlaufbahn ein weltoffener, neugieriger „Weltmensch", der zahlreiche Sprachen fließend spricht und u. a. Sonderbotschafter der Unicef ist. Sein Markenzeichen ist seine Vorliebe, abschweifend zu werden. Mit großen Gesten und strahlendem Lächeln breitet er seinen Anekdotenschatz aus, stets mit bissiger Pointe, aber auch einem liebevollen Augenzwinkern.

Sir Peter, mit Ihnen verbindet sich ein Teil deutsch-russischer Geschichte. Wie kam es dazu?

Meine Familie väterlicherseits ist seit vielen Jahrhunderten in Rußland beheimatet gewesen, und ausgerechnet mein Großvater ist auf sehr eigenwillige Ideen verfallen. Er trat nämlich vom orthodoxen zum protestantischen Glauben über. Er verliebte sich in eine protestantische Pastorentochter und hat sie geheiratet. Als Offizier der kaiserlichen Armee hat es ihm nichts ausgemacht, auf den Zaren einen Treueeid zu schwören, auf die orthodoxe Kirche allerdings wollte er nicht schwören.

Das hat ihm großen Ärger gebracht, er sollte nach Sibirien verbannt werden. Sein Onkel allerdings war gut mit dem Zaren befreundet, da ist es ihm nicht ganz so schlimm ergangen, wie er es hätte befürchten müssen. Er konnte seinen Grundbesitz noch verkaufen, und statt nach Sibirien durfte er ins Ausland gehen. Er ging nach Württemberg. Das war eine Hochburg der Templer, von denen viele Mitte des Jahrhunderts nach Palästina ausgewandert sind. Dort hat er sich schnell sehr wohl gefühlt, aber nicht so recht heimisch. Er ist dann nach Palästina gegangen und hat sich in Jaffa niedergelassen, was wiederum eine Hochburg der deutschen Auswanderer war. Bei denen hat er sich sehr wohl gefühlt, dort hatte er eine herrliche Besitzung, die er sehr gepflegt hat.

Ihre Großmutter, Sie haben es selbst häufiger erzählt, hatte Vorfahren in verschiedenen Ländern. Ist das quasi der Ursprung der Ustinov'schen Internationalität?

Sicherlich einer der Gründe, weshalb wir eine recht internationale Familie sind und ich eine „Promenadenmischung" mit einem sehr umfangreichen Stammbaum. Meine Großmutter hatte portugiesische, äthiopische und Schweizer Vorfahren. Und mein Vater, der deutscher Staatsbürger war, wußte das wohl

In St. Petersburg liegen die Wurzeln der Familie Ustinovs mütterlicherseits.

auch zu schätzen. Auch er fühlte sich als internationaler Mensch. Meine Großmutter war die Tochter des Kutschers meines Großvaters. Jener war ein sehr interessanter Kutscher, er war ein polnischer Jude, der sehr lange Protestant gewesen ist und fast sein ganzes Leben in Äthiopien verbracht hat. Er war mit einer äthiopischen Prinzessin verheiratet.

Wie ist er nach Äthiopien geraten?

Einfach gegangen, als Ingenieur. Er war sehr interessant, dieser Mann, habe ich gehört. Und die Tochter war sehr hübsch. Ich erinnere mich noch: Ihre Haut hatte die Farbe einer guten Zigarre, und sie hatte große grüne Augen, sehr erotisch. Da kann man ihn verstehen, den Großvater, obwohl sie später ein bisschen dick geworden ist und so protestantisch. Ich musste als Baby, wenn sie kam, immer auf ihren Knien sitzen, und sie erzählte mir die biblischen Geschichten, als ob sie alles selbst gesehen hätte, und sie war dabei sehr bewegt. Aber sie war so, und hat geweint dabei, mein Pyjama war ganz nass von ihren Tränen. Ich hörte immer dieselbe Geschichte, wenn sie kam – Bed time story …
Und einmal hat sie angerufen und gesagt, ich sollte – als Kind! – nach Kairo kommen, dann würde sie in der Zwischenzeit nach Palästina gehen und ein bißchen Jordanwasser holen, und dann könnte ich

getauft werden – in Jordanwasser. Mein Vater hat sie aber Gott sei Dank davon überzeugen können – sie war nicht so sehr stark in Geografie – dass Schwäbisch-Gmünd halbwegs zwischen London und Kairo liegt … Und dann ist sie mit einer alten Flasche gekommen, gefüllt mit Jordanwasser. Der Pfarrer, der das machen sollte, bekam schon Panik, und er zitterte und hat diese Flasche auf den Boden der Kirche fallen lassen. Und auf einmal sah man, wie dreckig dieses Jordanwasser war, voller Amöben.

Von der Familie Ihrer Mutter stammen wohl die künstlerischen Impulse her. Wie ist diese Familie nach Rußland gekommen?

Die russische Geschichte „meiner mütterlichen Seite" begann mit einem sehr interessanten Mann, Louis-Jules Benois. Der übte den schönen Beruf eines Konditors aus und ging mit dem Herzog von Montmorency während der Französischen Revolution nach St. Petersburg. Dort fühlte sich der Herzog bedeutend eher in Sicherheit als daheim. Louis-Jules blieb in Petersburg, auch als sein ehemaliger Dienstherr längst wieder zurück in Frankreich war. Bei Zar Paul war er so eine Art Vorkoster. Das war nicht ungefährlich. Denn auch wenn zwar Paul bestimmt kein allzu klar denkender Mensch war, hatte er doch Angst vor Attentaten. Und so galt eben Louis-Jules als sein wichtigster Mann, was die Reinheit des Essens betraf. Er überlebte diesen Job, seine Frau gebar danach immerhin 17 Kinder. Er muss ein sehr amüsanter Mensch gewesen sein. Eine seiner früheren Freundinnen übte mittlerweile den Beruf einer Prostituierten aus. Sie forderte ihn einmal auf, ihr ab und an bei ihrem Verkehr mit den Kunden zuzusehen. Einige Male hat er auch tatsächlich durchs Schlüsselloch gespäht. Aber schließlich musste er diese wertvolle Tätigkeit aufgeben, da sie ihn wohl in seinem eigenen Sexualleben zu sehr beeinträchtigte.

Wie ist es zu erklären, dass in Ihrer Ahnenreihe so viele Bühnenschaffenden zu finden sind?

Ein Teil meiner Vorfahren war die Familie Cavos, die aus Venedig gekommen war. Einer meiner Vorfahren war der erste Don Ottavio in Mozarts „Don Giovanni". Diese Oper hob er bei der Uraufführung in Prag mit aus der Taufe. Sein Sohn schließlich ging nach St. Petersburg, dort war er Intendant am Kaiserlichen Theater. Der Großvater meiner Mutter schließlich war einer der bedeutendsten Bühnenbildner in Russland, der sehr viel mit Sergej Diaghilew zusammengearbeitet hat. Ein Sohn des Konditors war Nicholas Benois, der als Hofarchitekt sehr renommiert war. Schließlich war auch der Sohn des nach Petersburg gegangenen Cavos einer der wichtigsten Theaterarchitekten. Albert Cavos errichtete das Marynskijtheater. Von daher ist meine Liebe zur Musik wohl zu erklären.

Sie waren in den letzten Jahren sehr viel auf musikalischen Tourneen mit Sinfonieorchestern. Und das aber beileibe nicht nur mit russischer Musik. Nimmt die Musik zur Zeit in Ihrem Leben den höchsten Stellenwert ein?

Ich glaube, dass ich deswegen von dieser Kunst so fasziniert bin, weil ich sie selbst nur sehr unvollkommen ausübe. Ich habe mit großem Vergnügen etwa zu den „Bildern einer Ausstellung" einen neuen Text geschrieben, eine Novelle. Früher habe ich besonders gerne Instrumente imitiert, mittlerweile schreibe ich meine eigenen Texte zur Musik. Besonders gerne auch etwa zum „Karneval der Tiere". Das ist wohl ein Teil meiner musikalischen Beschäftigung. Und nach wie vor ist es sehr interessant, mit solchen Werken und großen Orchestern auf Tournee zu gehen.

Und nun gerade Beethoven. Den haben Sie gespielt, in einem Stück, das Sie selbst geschrieben haben, und mit dessen Biografie beschäftigen Sie sich im-

mer wieder. Woher diese Vorliebe für den Herrn aus Bonn?

Beethoven war ein großer, freiheitsliebender Mensch. Vor allem ein Mensch, dem es schwer fiel, in seinen Sinfonien zum Ende zu finden. Er ist ein Mann des überlangen Finales. Beethoven hat vor Napoleon keinen Hofknicks gemacht, er ist seinen Weg gegangen und brauchte im wahrsten Sinne des Wortes auf keinen zu hören. Als Napoleon an ihm vorbeiritt, ist er stolz weitergelaufen, ohne jedes Anzeichen eines Grußes. Das Stück „Beethovens Zehnte", das ich am Berliner Schiller-Theater Ende der 80er-Jahre gespielt habe, war auch ein Produkt dieses Interesses.

Ihre Mutter, Sie sagten es bereits, war eine erfolgreiche Bühnen- und Kostümbildnerin vor allem im Bereich der Oper. Inwiefern hat Sie diese Mutter geprägt?

Außerordentlich. Ich habe selbst meine Mutter in zweien meiner Filme als Kostümbildnerin eingesetzt und weiß, wie sehr die Mitarbeiter von ihr geschwärmt haben. Sie haben sie merkwürdigerweise „Gott" genannt. Oft wurde mir da schon mal gesagt: Gott hat wieder wunderschöne Kostüme entworfen. So hoheitsvoll wurde von ihr gesprochen. Meine Mutter selbst war eine sehr sensible Künstlerin, die frühzeitig erkannt hat, welchen Weg ich einzuschlagen hätte. Noch als Jugendlichen meldete sie mich zum Schauspielunterricht an – da war ich sechzehn.

Ihr Vater war Journalist. Er hatte auch einige deutsche Vorfahren. Sie selbst sind in Deutschland getauft worden, und Ihr Vater war für „Wolff's Telegraphen-Bureau" tätig. Wie haben Sie den Vater empfunden?

Mein Vater war ein sehr schwieriger Mensch, der wenig mit Kindern anzufangen wusste. Er war ein sehr sarkastischer Mensch, zu ironisch für ein Kind. Es war oftmals sehr schwer für mich als Kind, mich mit diesem Vater zu verständigen, denn er redete mit mir wie mit einem Erwachsenen. Und das war oftmals für mich als Kind sehr schwer zu begreifen. Mein Vater hatte im übrigen ein nicht sehr langes Leben: Er ist mit 69 gestorben.

Es war doch so, dass Ihr Vater gar nicht älter werden wollte als 70?

Nein, er hat mir in der Mitte des Krieges, im Luftschutzkeller, während eines Bombenangriffs, gesagt: „Ich werde keine 70!" Ich hielt den Zeitpunkt nicht gerade für geeignet, mir dieses mitzuteilen. Damals war er 50 Jahre.

Und ich fragte: Warum erzählst du mir das ausgerechnet jetzt?
Das hat mich beeindruckt.
Und er ist vier Stunden vor seinem 70. Geburtstag gestorben. Er hat sich gehen lassen …

Er wollte nicht mehr?

Ich weiß nicht. Er war sehr rührend. Er war im Koma, und ich kam zu ihm und sah ihn an. Er öffnete die Augen, und das Letzte, was er im Leben gesagt hat, war: „Oh …" – er sagte es auf französisch; warum, weiß ich nicht – „ich erkenne dich aus meinen Träumen …"
Seltsame Dinge …

Gibt es etwas in Ihrer Kindheit, das Sie besonders, fürs ganze Leben geprägt hat?

Ja, wenn man älter wird, erinnert man sich mehr und mehr an die Kindheit. Aber zu Ihrer Frage: Ich weiß es nicht. Ich bin von Beginn meiner Kindheit an an Unkonventionelles gewöhnt. Meine Familie war keine normale Familie. Die haben sich die ganze Zeit gezankt. Mein Vater war wie ein Diktator wegen der Malerei meiner Mutter. Ich weiß noch, ich kam von der Schule und habe herausgefunden: Sie hatte sich von Hiroshige inspirieren lassen und

Bei der zweiten Begegnung Ustinovs mit Äthiopiens Kaiser Haile Selassie schlief dieser ein ...

ein Bild im japanischen Stil gemalt, in Öl. Und es war sehr, sehr gut. Und ich kam nach Hause, und sie hatte es vernichtet! Weil mein Vater es nicht gern hatte: „Das ist nicht dein Stil!"

Ich war wütend, wirklich wütend. Ich habe ihm gesagt: „Solche Sachen kann man nicht diktieren! Das ist nicht dein Business!"

Aber mein Vater war auch sehr rührend. Man denkt, er sei sofort in den englischen Militärdienst gegangen, aber nein, sie haben ihm geholfen, aus der deutschen Botschaft herauszukommen. Er war dann zwei Jahre lang arbeitslos, und das war eine sehr schlimme Zeit, denn ich wusste, dass mein Schulgeld nicht bezahlt werden konnte und es allerlei andere Schwierigkeiten gab. Ich habe versucht, ihm bei der Suche nach Arbeit zu helfen, und er wurde Buchhalter, im Theater, wo ich mein letztes Stück gespielt hatte, verstand aber gar nichts von Mathematik, er konnte mir nie bei meinen Hausaufgaben in Mathematik helfen, er wollte es auch nicht. Nach einer Woche wurde er hinausgeworfen. Weil er so inkompetent war. Und dann wurde er Kunstkritiker. Und er ist wieder hinausgeworfen worden, weil er sich nicht zurückhalten konnte, einen komischen Artikel über die Löcher in Henry Moores Skulpturen zu schreiben. Das hat ihm das ganze englische Establishment übel genommen.

Wann sind Sie zum ersten Mal mit Deutschland in Kontakt gekommen?

Ich wurde in London geboren, bin aber, wie erwähnt, in Schwäbisch Gmünd getauft worden. Mein Vater war viele Jahre als deutscher Journalist tätig. Das hat dazu beigetragen, dass ich von vornherein sehr oft mit Deutschland zu tun hatte. Oft habe ich als Kind ihn abends im Nachbarraum seine neusten Meldungen über Reichskanzler Brüning oder auch über Stresemann am Telefon durchgeben hören. Wir waren in der Tat eine sehr bemerkenswerte kleine Familie, sehr ungewöhnlich, wohl auch ein wenig skurril.

Inwiefern konnten Sie als Kind schon Ihr Entertainer-Talent einsetzen?

Die andere Großmutter war Hofdame bei Haile Selassie gewesen. Als der Monarch einmal in London weilte, da kam er mit einer großen Entourage auch in unserer bescheidenen Wohnung vorbei. Alles war vorbereitet, nur für die Unterhaltung musste gesorgt werden. Da holte man mich, ich war drei, ins Zimmer, und alsbald musste ich vor der Kaiserlichen Hoheit und seinem Gefolge als Entertainer auftreten. Als ich Haile Selassie über vier Jahrzehnte später bei der Weltausstellung in Montreal wiedertraf, habe ich ihm von dem Abend im Hause Ustinov erzählt. Es scheint ihn aber nicht sehr beeindruckt zu haben, denn im Laufe der Unterhaltung ist er eingeschlafen.

Waren Sie ein Kind mit vielen Spielkameraden oder waren Sie eher ein Einzelgänger?

Ich war absolut ein Einzelgänger. Ich war freilich ein Kind auch mit viel Phantasie, das sich viel selbst beschäftigte, das die verschiedensten Interessen hatte. Ich habe von vornherein kreativ sein müssen, denn ich war Einzelkind und eben auch Einzelgänger.

Sie sind sowohl von deutscher wie von englischer Seite geprägt worden. Welche Verbindungen hatten Sie damals mit Deutschland?

Ich war gerade auf Aufenthalt in Berlin, war noch keine 12 Jahre alt, als ich den Reichstag brennen sah. Ich war entsetzt über das, was dort damals geschehen ist. In der Diplomaten-Schule, die ich besuchte, saß ich zeitweise mit dem Sohn des späteren deutschen Außenministers Joachim von Ribbentrop in einer Schulklasse. Noch war ich britischer Staatsbürger, und mit 21 hätte ich mich entscheiden können, ob ich Brite bleiben oder Deutscher werden wolle. Ich bin im Jahre 1942 einund-

„Ich bin ein Mensch der Vereinten Nationen...”

zwanzig Jahre alt geworden und war damals schon in der britischen Armee. In diesem Jahr wäre es in England bestimmt nicht von großem Vorteil gewesen, Deutscher werden zu wollen. Also bin ich Engländer geblieben.

Was empfinden Sie für dieses, Ihr Heimatland? Sind Sie, obgleich Sie bekanntermaßen Kosmopolit sind, ein Patriot geworden?

Ich bin britischer Staatsbürger, aber in Wirklichkeit bin ich ein Mensch der Vereinten Nationen. Grenzen empfinde ich nicht als solche, ich hätte mich stets damit schwergetan, mich als Patriot eines bestimmten Landes bezeichnen zu müssen. Ich habe auf der ganzen Welt gearbeitet, meine Verwandten stammen aus vielen Gegenden dieser Erde, so dass ich von vornherein mich niemals einer bestimmten Nation zugerechnet habe. In letzter Zeit fühle ich mich allerdings immer mehr der russischen Kultur, der russischen Tradition verbunden. Nein, ein englischer Patriot bin ich wirklich nicht geworden, auch wenn ich den Zweiten Weltkrieg als britischer Soldat mitgemacht habe.

Haben Sie in England auch damals schon starke Ressentiments gegenüber Deutschland erfahren?

Gewissermaßen ja. Ich kann mich noch genau erinnern, als ich auf eine neue Schule in England kam. Dort war ein Christus abgebildet, festen Blickes auf das Empire. Die Deutschen haben stets gesagt „Gott mit uns". Soweit wären die Engländer nicht gegangen. Wir hätten stattdessen sagen können „Gott nicht mit den anderen". Auch später im Krieg gab es einige barbarische Pflichten. Wenn ich als junger Soldat mit Bajonetten in Sandsäcke stoßen musste und mir von dem zuständigen Vorgesetzten gesagt wurde, dass nur ein toter Deutscher ein guter Deutscher sei, dann war das schon etwas schockierend, was auch einiges über den Verstand zahlreicher Militärs aussagte. Ich habe dann später im Krieg einmal einen kriegsgefangenen deutschen Offizier gegrüßt. Ich habe lediglich einige Worte mit ihm gewechselt. Das nahm man mir hinterher sehr übel, ich wurde vor den Kommandeur zitiert. Der erklärte mir in strikten Worten, dass es unerwünscht sei, wenn ich mich mit den Deutschen fraternisieren würde. Das waren Erfahrungen, die mich nicht sehr begeistert haben.

Sie haben gleichwohl im Krieg einige Filme für das Militär gedreht, auch Propagandafilme gemacht.

Ja, die Propagandafilme waren wirklich sehr dumm. Ich hatte während des Krieges eine Kopie des Films „Ohm Krüger" bekommen. Das war so komisch …

Churchill als Chef eines Konzentrationslagers in Südafrika, und Königin Victoria immer betrunken … Und sie sagt im Film: „Ach, Tschämberlein (Anm. d. Verf.: Chamberlain), warum mussten wir Südafrika angreifen, so ein kleines Land!" Und sie zitterte dabei und verschüttete Whisky, und Churchill saß daneben mit einer Bulldogge, die ihm ähnlich sah und fütterte sie mit Speck von seinem Frühstück … So ein Quatsch! So übertrieben!
Der erste Film, den man dann mir erlaubte, zu machen, hieß „Rauch", ein 14-Minuten-Film, kolossal dumm. Als er fertig war, saß ich in einem kleinen Kino mit vier anderen, das waren die Regisseure der anderen Filme dieser Reihe. Und wir erwarteten einen General, der das alles begutachte sollte. Der General kam, sah sich das an, und am Ende standen wir alle auf, um seine Glückwünsche entgegen zu nehmen oder beschimpft zu werden, aber er ging an uns vorbei zur Tür des Vorführraums und sagte zu dem Filmvorführer: „Very good show! Thank you very much!" Unwahrscheinlich!

Sie sind 1946 aus der Armee entlassen worden …

Ja, ich war schon mitten in den Vorbereitungen fur einen Film für das Luftfahrtministerium über eine Geheimwaffe. Und ich erinnere mich an meinen einzigen Kontakt mit der Gestapo. Wir lebten in einer sehr kleinen Wohnung. Ich hatte mein Zimmer, meine Eltern ihres, und es gab ein gemeinsames Esszimmer, eine winzige Küche und das Bad. Und es ließ sich nicht vermeiden, dass ich Leute sah und traf, wenn ich aus der Schule kam, die ich nicht sehen sollte. Denn es waren alles geheime Personen und sehr viele antinationalsozialistisch gesinnte Deutsche da, ein gewisser Graf Montgelas zum Beispiel. Er war ein sehr typischer Deutscher und Repräsentant in Deutschland von Pilsner Urquell. Und ein anderer, sehr spitz aussehender Mann, der hieß Graf Tschirschky. Und mein Vater bekam, wie ich herausfand, einen „nom de guerre", einen Decknamen, und der lautete „Usher". Ich war aber sehr dagegen, denn es schien mir dumm zu sein, einen Decknamen mit demselben, sehr seltenen Buchstaben anzufangen wie bei unserem Namen. Ich dachte immer, dass es dumm sei. Bis vor kurzem. Da hat das Kriegsmuseum in London ein Buch herausgebracht mit einer Schwarzen Liste der Gestapo mit den Namen derer, die verhaftet werden sollten, wenn man England besetzt. Natürlich habe ich das gekauft – es war sehr teuer –, es war wie auf Toilettenpapier gedruckt mit Löchern statt Punkten, und da sah ich meines Vaters Namen als „gefährlicher englischer Agent, er weiß viel über Deutschland. Er benutzt manchmal den Namen Middleton-Piddleton". Real nonsense!

Haben Sie solche Erfahrungen dazu ermutigt, kein Patriot zu werden ?

Ja, und ich wollte auch niemals einen Fahneneid leisten. Das will ich bis heute noch nicht. Es könnte ja sein, dass etwa ein Mann wie George W. Bush die Fahne halten würde.

Wie ist Ihr Vater nach Deutschland gekommen?

Seine frühe Jugend hat mein Vater in Palästina verbracht, kam aber schon bald nach Deutschland. Er war schließlich deutscher Staatsbürger, hat auch im Ersten Weltkrieg auf deutscher Seite gekämpft. Kurz danach kam er dann zu Wolff's Telegraphen-Bureau, für das er fortan als Journalist tätig war. Schließlich ist er dann noch einmal kurz nach Russland zurückgegangen, um nach seiner Familie zu forschen. Er ist allerdings dann kurz nach der Russischen Revolution wieder geflüchtet, ist von dort aus nach Deutschland gekommen, dann weiter nach England gegangen. Freilich haben wir als Kinder immer enge Beziehungen gehabt zu Deutschland, sowohl durch den Beruf meines Vaters wie auch natürlich durch verwandtschaftliche Beziehungen.

Haben Sie etwa gar eine deutsche Erziehung genossen?

Oh ja, und das schon sehr früh. Ich kann mich nicht an sehr viel davon erinnern. Mein Vater hatte als Kindermädchen eine Schwarze namens Berta, die vorher in Deutsch-Ostafrika, in der dortigen Kolonie, schon für die Deutschen gearbeitet hatte. Und sie war preußischer als wahrscheinlich jede weiße Deutsche. Immerhin wollte sie mir als Kind beibringen, möglichst frühzeitig stubenrein zu werden. Da ich, wie das Kleinstkinder nun mal so an sich haben, gelegentlich einem gewissen Bedürfnis nachgegangen bin, ohne deshalb zur Toilette zu kriechen, nahm sie meine Windel und stülpte sie mir auf den Kopf – quasi als Lehre, das nächste Mal besser aufzupassen. Mein Vater hat allerdings den Sinn dieser Erziehungsmethode nicht so recht begreifen können und die Dame deshalb relativ frühzeitig aus unserem Haushalt entlassen.

Sie haben bereits frühzeitig mit humoristischen Einaktern Erfolge gehabt, noch vor Ihrer Militärzeit. Ist das Schreiben für Sie stets eine besondere Herausforderung geblieben?

Absolut. Das Schreiben ist nach wie vor meine liebste Beschäftigung. Dafür braucht man zwar Zeit und vor allen Dingen Ruhe, die ich nicht immer habe. Aber auf alle Fälle ist die schriftstellerische Arbeit stets für mich die wichtigste gewesen, weshalb ich mich auch in vielen literarischen Gattungen betätigt habe.

Sie waren im Krieg an der Heimatfront tätig. War das nun angenehm oder trotzdem eine Einbuße der persönlichen Freiheit?

Ich habe, wie ich schon sagte, einige Filme gedreht. Ich habe deshalb meinen Kriegsdienst in Großbritannien verbracht. Gleichwohl hat es genügt, um mir einen gründlichen Eindruck von der Engstirnigkeit des Militärs zu verschaffen. Diese Erfahrung war eindrücklich, die hätte ich mir allerdings gerne erspart. Deswegen ist es mir bis heute unerklärlich, wieso tatsächlich Politiker davon überzeugt sind, durch Kriege oder militärische Einrichtungen die Welt zu verbessern. Aber vielleicht muss man auch so denken, wenn man wie George W. Bush oder Tony Blair niemals in einer Armee war. Dann scheint es einem relativ leicht zu fallen, zum Krieg aufzurufen.

Waren Sie im Krieg bedroht?

Natürlich habe ich auch von dem Volk, dessen Staatsbürger ich theoretisch hätte werden können, einiges aus der Luft mitbekommen. Die Bombenangriffe auf London waren ja gerade in der Anfangszeit sehr stark.

War es für Sie schwer, aus dem Militär entlassen zu werden?

Im Gegenteil. Meinen ersten Filmvertrag hatte ich schon in der Tasche, als ich noch beim Militär war. Und nun ging es für mich darum, mich möglichst schnell aus dem Militär abzumelden. Das war relativ problemlos geschehen, so dass ich sofort wieder an meine Arbeit gehen konnte.

Wie sind Sie zu Ihrem ersten Film gekommen nach dem Krieg? War die Finanzierung schwierig?

Der Krieg war noch nicht vorbei. Ich musste einen Tag von der Bühne weggehen, um demobilisiert zu werden. Er war schon finanziert, weil er für das Kriegsministerium war. Es war ein grosser Erfolg. Der erste Film ist öfters ein großer Erfolg.

Um von einem anderen großen Erfolg zu sprechen und damit wiederum über Ihre Kontakte zu Deutschland: Ihr Stück „Die Liebe der vier Obersten" war eine Komödie, die sich mit dem Umgang mit Idealen und Realitäten beschäftigt, eines Ihrer Frühwerke, das auch viel auf deutschen Bühnen gespielt wurde und sehr beliebt war, Anfang der 50er-Jahre. Schauplatz ist ein abgelegenes Dorf im Kosovo. In dem Stück geht es ja um vier Oberste (ein Ameri-

kaner, ein Brite, ein Franzose und ein Russe), die sich seit über zwei Jahren streiten, welche Schutzmacht für diesen Ort zuständig ist. Das einzige, worüber sie sich bisher einig geworden sind, ist, dass sie ihren Tagungsort auf ein nahegelegenes Schloss verlegen wollen. Nur: Dieses Schloss ist von einer undurchdringlichen Dornenhecke umgeben. War diese Geschichte, dieser Film der erste künstlerische Kontakt wieder zu Deutschland? War das auch bewusst sehr zeitpolitisch gestaltet, dieses Stück?

Ich glaubc, dicscs Stück kam zur richtigen Zeit, Anfang der 50er Jahre. Der Kalte Krieg war zu diesem Zeitpunkt besonders virulent, die Problematik der Alliierten war damals in Deutschland allgemein diskutiertes Thema. Es war ganz interessant, einen verliebten sowjetischen Offizier einmal zu zeigen. Und das auf möglichst amüsante Weise. Dieses Stück hat genau den Nerv seiner Zeit getroffen. Ich habe es geschrieben, weil es mich als Russe irritierte, dass man immer die Russen als schlechte Menschen ansah. Ohne das Komische zu sehen! Und das Komische war natürlich im internationalen Sinne ganz leicht zu karikieren: Wenn der französische Oberst aufsteht und sagt:
„Ich muss jetzt hinausgehen."
Und der Russe sagt:

„Ist das eine politische Geste?"
„Nein, nein, ich muss pinkeln!"
Es war ein Erfolg, weil es wirklich mit dem korrespondierte, was das Publikum fühlen wollte. Man wollte es nicht so ernst nehmen, wie es alle nahmen.

Wenn man an Ihre späteren Filme denkt mit all den verschiedenen Rollen: Welche hat Ihnen persönlich am meisten Freude gemacht?

Alles machte mir Freude. Mein bester Film von denen, die ich selbst gemacht habe, war 1962 „Billy Budd". Er hatte ein sehr komisches Resultat: Die Amerikaner machten mir viel später ein Angebot, das ich nicht ablehnen konnte. Sie haben mir sehr viel Geld bezahlt, um an einem Abendessen zu sprechen in London. Sie haben mir nur nie gesagt, worüber ich sprechen sollte! Ich kam nach London, das Dinner war in der Royal Academy. Es war ein sehr langer Tisch, voller Amerikaner. An der Wand viele Bilder nackter Männer in Schwimmbädern. Es war eine David-Hockney-Ausstellung. Im Verlauf des Abends sagte ich zu dem Amerikaner:
„Ich bin sehr zufrieden, hier zu sein, aber worüber soll ich sprechen?"
„Aber Sie wissen es doch!"
Ich sagte: „Nein!"
„Hat man es Ihnen nicht mitgeteilt?"

Ich sagte: „Nein, ich weiß gar nicht, warum ich hier bin!"
„Wir wollen, dass Sie über Leadership sprechen."
Ich sagte: „Aber da bin ich ganz dagegen! Man muss nur die deutsche Übersetzung nehmen: Führerschaft. Das interessiert mich gar nicht!"
„Aber Sie sind doch ein geborener Leader!"
Ich habe gesagt: „Gar nicht!"
Aber dann hatte ich eine Idee und erzählt:
Ich habe einen Film gemacht, der hieß Billy Budd, nach einem Buch von Herman Melville, ein amerikanischer Klassiker, wo ein junger Mann aufgehängt wird, weil er einen Marinefeldwebel getötet hat. Er wusste nicht, dass dieser einen sehr dünnen Schädel hatte … Der Gerichtsrat sagte: „That will be unjust!" Und da sagte der Gerichtspräsident: „We deal here not with justice but with the law!" Und da wird der Junge aufgehängt. Sein letztes Wort ist: „God bless Captain Bear".
Nachher gab es eine lange Stille. Und auf einmal ein donnernder Applaus. Sie haben es nicht nur verstanden, sondern sich auch sehr zu Herzen genommen. Auf einmal kam zu mir ein Mann in einem gewissen Alter, aber mit Haaren über seinem Gesicht, wie ein Hund. Man sah nur die spitze Nase und etwas Metall in der Nase. Ein Hippie mit Blue Jeans und sehr schmutzigen Füssen in Sandalen. Er schluchzte fast: „I wanna thank you for this picture!

„Die Amerikaner sind den Römern sehr ähnlich...”

Oh god, it changes the whole course of my life! Oh yes, it made me desert from the American armed forces and I spent the whole of the Vietnam war in Canada. And God bless you for that!"
Ich habe gesagt:
„That's leadership too!"

Wo wir gerade von Leadership sprechen: Ein Leader war Nero, und Nero war Ihre erste Rolle, mit der Sie sozusagen weltberühmt geworden sind. Nun sind Sie ein Mann, der sehr viel Wert aufs Schreiben gelegt und sehr viele Theaterstücke geschrieben hat. Hat es Sie manchmal etwas verwundert, dass Sie gerade in einem Unterhaltungsfilm wie „Quo vadis?" so berühmt geworden sind?

Nein, denn die Amerikaner sind die Einzigen, die wirklich sehr gute römische Filme machen können. Warum? Die Amerikaner sind den Römern sehr ähnlich. Amerika ist Rom sehr ähnlich, aber es ist viel gefährlicher, weil da jetzt kein Terra incognita mehr ist. Rom war die einzige große Macht zu dieser Zeit, aber es hatte Grenzen. Aber jetzt, wenn man von einer amerikanischen Bank hundert Dollar borgen will, weist man Ihnen die Tür. Aber wenn Sie zwanzig Millionen Dollar wollen, sagt man Ihnen: Bitte warten Sie, wir holen den Direktor. Und wenn man den Direktor sieht, ist es wirklich sehr wie Rom:

Flaggen und Adler überall, Fotos und Gemälde von den letzten Präsidenten der Bank, und in der Mitte sitzt der neue Chef in seinem Stuhl, aber mit seinen Füssen in Socken auf dem Tisch …

Sie haben auch stets Ihre Zeit porträtiert, in Essays, Stücken und zum Teil in Ihren Filmen. Wie wichtig ist Ihnen bis heute diese politisch-essayistische Arbeit?

Ich habe mir nie etwas darauf eingebildet, etwas mit meiner Arbeit bewirken zu können, aber tatsächlich war sie mir immer sehr wichtig. Ich habe mich stets in vielen Zeitungen, Rundfunk- und Fernsehsendern zu Wort gemeldet und tue dies, soweit mir dies meine Zeit zulässt, auch heute noch. Beispielsweise habe ich bis heute eine monatliche Kolumne im Wiener „Kurier". Ursprünglich begann ich diese Arbeit für Robert Maxwells Zeitung „The European". Als die Zeitung eingestellt wurde, die eine Zeitlang mit dem Kurier kooperierte, gab ich auch meine tägliche Kolumne dort auf. Bis sich die Wiener nach einiger Zeit meldeten und mich fragten, wo denn meine Beiträge seien. So schreibe ich also weiter.

In Ihrer ersten Zeit in Hollywood Anfang der 50er grassierte der McCarthy-Virus. Wie haben Sie darauf reagiert?

Ich habe damals für die BBC geschrieben. Politische Sendungen gemacht, die während meiner Zeit in den USA in dortigen Tonstudios aufgenommen werden mussten. In einer dieser Sendungen habe ich heftig gegen die Politik von McCarthy polemisiert und auch über die Kräfte, die hinter ihm standen, gesprochen. Erst war's der Toningenieur, der beinahe entgeistert zuhörte, und als die Aufnahme beendet war, sah ich, dass vor dem Studio dutzende Menschen wimmelten, die mir zuhörten. Der Tontechniker fragte mich ganz verdutzt, ob das wohl ein Scherz sei, so etwas könne doch wohl nicht gesendet werden. Und als ich ihm erklärte, dass das in Kürze in Großbritannien auf Sendung gehen soll, da war er mehr als verdutzt. Soviel freiheitliches Denken war den Amerikanern nicht nur zum damaligen Zeitpunkt nicht besonders vertraut.

Sie haben nicht nur in Meisterwerken der Filmgeschichte mitgewirkt. Inwiefern konnten Sie Einfluss auf Ihre Rollen nehmen, haben Sie diese gelegentlich auch umgeschrieben?

Nicht nur gelegentlich. Oft war es sehr wichtig, eine Rolle etwas zu verändern, Situationen neu zu entwerfen. Schließlich war auch „Quo Vadis" eine Hollywood-Vorstellung vom alten Rom. Und ähnlich war es bei „Spartakus" einige Jahre später. Zahlrei-

Zeichnung: Rainer Schöttgen

che meiner Szenen mit Charles Laughton habe ich damals umgeschrieben.

Spartakus hat der zehn Jahre vorher von McCarthy verfolgte Dalton Trumbo geschrieben. Waren Sie mit seinem Drehbuch nicht einverstanden?

Das vorherige Skript von Anthony Mann hatte mir wesentlich besser gefallen. Dann engagierte Kirk Douglas Dalton Trumbo, der bis dahin tatsächlich Schreibverbot in Hollywood gehabt hatte. Dessen Skript war aber gerade, was meine und Laughtons Rollen betraf, nicht allzu glücklich. Also haben wir das Ganze gemeinsam etwas umgestaltet.

War Laughton ein Ihnen verwandter Charakter, wie würden Sie diesen großen Schauspieler charakterisieren?

Viele hatten das Gefühl, dass Laughton schwul war, was ja stimmte. Er hat sich mitunter sehr stilisiert, auf seine Mimik, auf seine weltbekannten Gesten sehr viel Wert gelegt. Er war auch ein sehr eitler Mensch, was einmal zu einem sehr lustigen Geschehnis führte. Als ich mit Laughton während der Dreharbeiten zu Spartakus in einem Café saß, kam uns eine ältere englische Dame entgegen, die Laughton begeistert auf seine Hauptrolle in „Die

„Man sollte sich als Toter nicht kratzen..."

Katze auf dem heißen Blechdach" ansprach. Sie war vollkommen fasziniert von diesem großen Schauspieler und ging weg. Laughtons Gesicht war allmählich grün geworden, da ihn die Dame ganz offensichtlich mit Burl Ives verwechselt hatte. Laughton grummelte daraufhin einige wütende Worte. Ich sagte ihm, dass er doch glücklich sein solle, dass es nicht so schlimm sei, mit einem Kollegen verwechselt zu werden. Schlimmer sei es, wenn die Leute ihren Irrtum einsehen würden und zurückkämen, um sich zu entschuldigen.
Kurz nachdem ich das gesagt hatte, trat tatsächlich die alte Dame wieder an unseren Tisch und bat unter dem Aufwand all ihrer Gefühle um Vergebung, dass sie ihn, den großen Laughton, verwechselt habe. Laughton grinste die Dame an, schaute mich an und meinte zu ihr, dass ich Edward G. Robinson sei. Die Dame überlegte einige Zeit, murmelte etwas von „Nein, nein, das stimmt nicht, aber ich habe es gleich, ich habe es gleich" und sagte dann zu mir: „Oh natürlich, Sie sind ja Walter Hustonov".

Wie geht ein Mr. Hustonov ansonsten mit seiner Popularität um?

Ich habe einmal, viele Jahre ist es her, während Dreharbeiten in einem Hotel gewohnt, in dem ich von Autogrammjägern nur so belagert wurde. Nach ei-

nigen Tagen wurde es mir zu viel, und ich zog in ein anderes, kleineres Hotel um. Dort aber schien mich niemand zu erkennen, denn niemand hielt mich um Autogramme an.
Das hat mich nach einiger Zeit so erschreckt, dass ich doch lieber wieder in das große Hotel mit seinen zahllosen Autogrammjägern umgezogen bin.

Ansonsten aber ist diese Popularität doch bestimmt auch von Nutzen, wenn Sie Unterstützung für Ihre karitativen Projekte brauchen?

Mit Sicherheit. Wenn ich etwa für Unicef tätig bin, dann ist es natürlich sehr wichtig, dass man einen gewissen Namen hat, um die Leute zum Teil dazu aufzufordern, eine Organisation wie eben Unicef zu unterstützen. Nicht zuletzt dadurch wurde es mir auch möglich, in jüngster Zeit meine Lehrstühle gegen Vorurteile ins Leben zu rufen. Der erste wurde in Budapest eingerichtet, ein zweiter in Wien, einige andere wird es auch noch geben.

Werden die Vorurteile akademisch erforscht, ist das überhaupt möglich?

Nein, ich habe kein großes Interesse daran, das theoretisch zu betreiben. Natürlich werde ich mit Hilfe der Wissenschaftler aktiv daran arbeiten, Projekte zu entwickeln, die gegen Vorurteile ankämpfen sollen. Nach all dem, was ich erlebt habe im Zweiten Weltkrieg und auch in meinem langen Leben, ist es mir sehr wichtig, eine solche Initiative gegründet zu haben. Denn es ist etwas, was es in dieser Form bislang nicht gibt. Es ist erschreckend, wie sehr der Nationalismus noch grassiert. Zumal wenn ich sehe, wie sich zahlreiche US-Politiker gar nicht ohne ihre Stars-and-Stripes-Plakette am Revers darstellen können, da sie ansonsten vielleicht an den Untergang der Zivilisation glauben, merke ich, wie wichtig ein solcher Lehrstuhl ist. Ich denke auch, dass diese Einrichtung unabhängig von meinen universitären Projekten Schule machen sollte.

Kommen wir noch einmal auf das Theater zu sprechen: Sie haben einige Stücke geschrieben, haben auch stets auf der Bühne gestanden. In einem Shakespeare-Drama, in diesem Fall King Lear, haben sie gleichwohl erst spat gespielt. Warum hat das so lange gedauert?

Natürlich habe ich in jungen Jahren an vielen Theatern auch in klassischen Stücken mitgespielt. Aber immerhin kann man einen König Lear ja nicht gerade in jungen Jahren spielen. Deshalb war ich sehr froh, als mich vor über 20 Jahren das Angebot aus Stratford in der Provinz Ontario erreichte. Ich habe

*„Ein Mensch hat das Recht,
seine Meinung zu ändern.”*

diese Rolle sehr gerne gespielt, auch wenn ein englischer Kritiker sich anschließend bemüßigt fühlte, in seiner Kritik zu schreiben: Zum ersten Mal seit langer Zeit wieder ein fetter Lear. Etwas belastend war während der Aufführungen nur das allzu lange Liegen auf dem Bühnenboden. Denn es ist ja wohl in der Sache der Natur, dass einem in dieser Stellung verschiedene Körperteile zu jucken beginnen. Da man aber als Toter sich nicht kratzen sollte, ist es nicht eine unbedingt angenehme Situation.

Ihr Stück und auch Ihr Film „Romanoff und Juliet" behandeln ebenfalls ein politisches Thema in der Zeit des Kalten Krieges. Gleichwohl war dieses Stück gerade in Deutschland kein großer Erfolg. Wie erklären Sie sich das?

In anderen Ländern kam das Stück sehr gut an. Es war tatsächlich eine Satire auf die ganze absurde Situation der damaligen Zeit. Ein sehr kleines Land, das falsche Briefmarken herausgibt, ist an sich schon eine relativ komische Einrichtung. In Deutschland kam der Film nicht gut an, weil kurz zuvor, 1956, die Ereignisse in Budapest gewesen waren. Viele ungarische Emigranten waren zu diesem Zeitpunkt in Deutschland. Und dieses Thema war gerade im geteilten Deutschland und vor dem Hintergrund der ungarischen Ereignisse nicht gerade komisch genug, um einen breiten Erfolg dort haben zu können.

Apropos Kalter Krieg. Konnten Sie in den Zeiten des Ost-West-Konfliktes Ihre Verbindungen zu Russland respektive der Sowjetunion knüpfen?

Ich war schon zu Sowjetzeiten einige Male in der Sowjetunion. Unter anderem kurz vor der Wende, um ein Benois-Museum einzuweihen. Dazu hatte man mich geladen. Und um wohl zu verhindern, dass ich allzu konspirative Gespräche führen könnte, gab man mir eine Dame zur Seite, von der man glaubte, dass ich mich nicht allzuviel mit ihr unterhalten könnte. Es war die erste sowjetische Kosmonautin. Und außer der Tatsache, dass wir gemeinsam das Band für die Ausstellung durchschnitten, hatten wir tatsächlich sehr wenige Gemeinsamkeiten und haben überhaupt nicht miteinander geredet.

Sind Sie auch mit Breschnjew oder einer anderen Sowjet-Größe einmal in Kontakt gekommen?

Tatsächlich nicht. Obwohl mir vieles von Breschnjew natürlich bekannt ist. Manches habe ich immer wieder zitiert. Mir fällt gerade eine schöne Geschichte ein, die man lange kolportiert hat. Breschnjew betritt zu Ostern sein Büro. Sein Sekretär murmelt ihm zu

„Christus ist auferstanden". Das ist der traditionelle Ostergruß der Russen, der auch während der KP-Herrschaft nicht auszurotten war. Breschnjew schaut ihn an, sagt aber nichts. Er geht weg, aber auf dem Gang kommt ihm ein anderer hoher Bonze entgegen und sagt laut „Christus ist auferstanden, Genosse Generalsekretär". Darauf brummt Breschnjew: „Man hat mich schon informiert".

Wie beurteilen Sie die Politik Michail Gorbatschows?

Für mich ist er eines der ganz großen Vorbilder in der Politik. Michail Gorbatschow habe ich schon zu einer Zeit unterstützt, als dies im Westen überhaupt nicht en vogue war. Ich habe ihm vertraut, und ich wusste, dass seine Politik den richtigen Weg weist. Er hat gezeigt, dass man in einem starren System sehr wohl Veränderungen bewirken kann. Später hat er sich oft mit mir darüber unterhalten, welche bei nahe unmenschlichen Schwierigkeiten er zu überwinden hatte. Aber tatsächlich war er für mich schon zu der Zeit, als ich in der Sowjetunion meine Reportagen gedreht habe, ein sehr wichtiger Mann.

Glauben Sie nicht, dass bei Gorbatschow auch ein Stück Opportunismus mitspielte? Schließlich war auch er ein Kind des Systems.

„... Vielleicht müssen sich die Söhne von ihren Eltern immer möglichst radikal distanzieren."

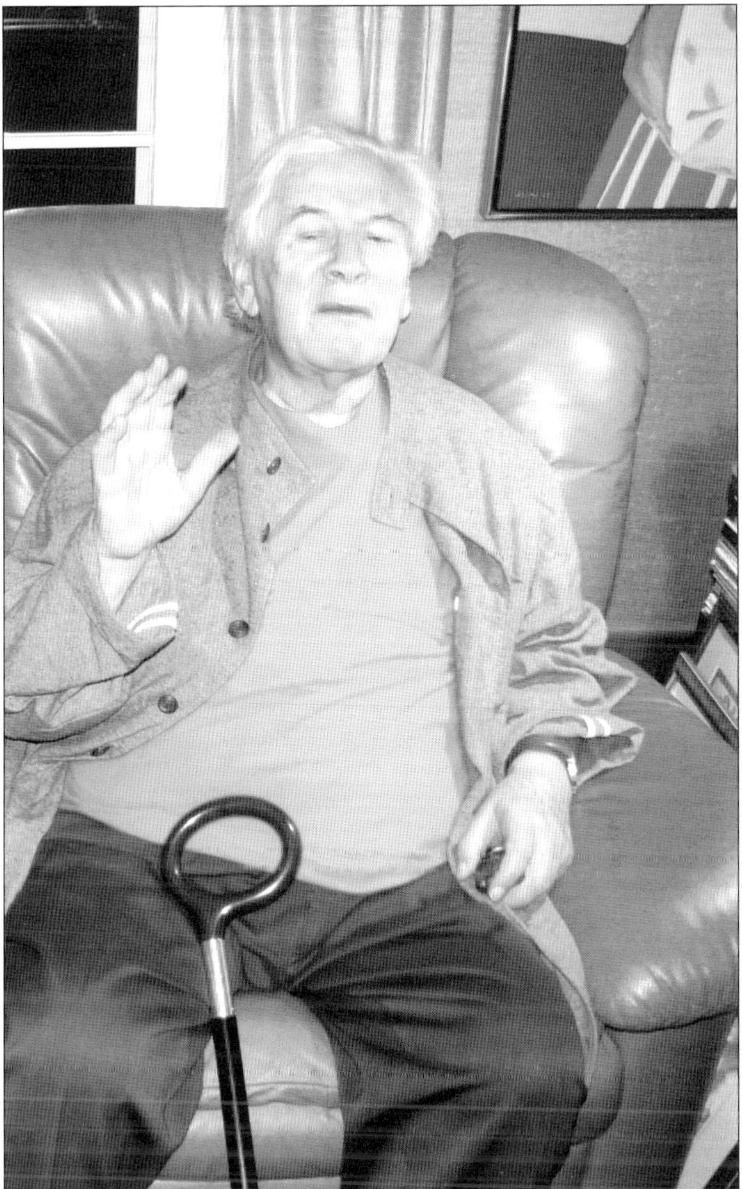

Ein Mensch hat das Recht, seine Meinung zu ändern. Wenn Leute ihre Meinung nicht ändern, gibt es keine Demokratie mehr. Menschen, die die ganze Zeit ihre Ansichten aus ihrer Jugend nicht ändern, denen glaube ich einfach nicht. Das sind Söhne, wie etwa George W. Bush, die ihren Vätern einen Gefallen tun wollen. Ich habe jemand, der gegen den Vater reagiert, viel lieber. Ich habe immer gesagt, dass Eltern Knochen sind, an denen die kleinen Hunde ihre Zähne wetzen. Es muss den Eltern ein bisschen weh tun, das liegt in der Natur. Und Gorbatschow war gar nicht Sklave dieses Systems. Er hat angefangen, es zu ändern. Aber er dachte – und er war der erste, der das zugab – dass alles sich arrangieren ließe im Rahmen dieses Systems. Aber es war zu spät. Es kam schon die große Änderung, die Welle ist auf ihn herabgekommen und zog später Jelzin und allerlei Paradoxien mit sich, die Gorbatschow nie toleriert hat. Ich glaube, Gorbatschow ist der große Mann des 20. Jahrhunderts.

Wie beurteilen Sie dagegen die amerikanische Politik?

Ich kann nicht glauben, dass zu der damaligen Zeit Reagan einen Beitrag geleistet hat zum Ende des sowjetischen Imperialismus. Ich glaube, dass Reagan vielleicht die machiavellistische Idee hatte, dass man, wenn man genug Geld in die Rüstung stecken würde, auf die Dauer die Russen ruinieren könnte. Das ist die einzige Ebene, auf der er denken konnte, aber ich glaube nicht, dass diese ganze Idee der Atomwaffenreduktion in seinem Sinne war, er verstand das nicht. Und jetzt sieht man, was Mr. Bush und was den Amerikanern wirklich fehlt: Das ist ein Feind. Und darum sind sie auch darum bemüht, Ersatzfeinde wie Saddam Hussein aufzubauen.

Wie stehen Sie zum heutigen Russland? Es gibt viele intellektuelle Kritiker, die dem russischen Präsidenten Putin, und das gewiss nicht zu Unrecht, seine brutale Vorgehensweise in Tschetschenien vorwerfen.

Ich würde mich freuen, wenn diese Leute, diese Philosophen, mit genau demselben Ernst die Entwicklungen in Israel kritisieren würden. Dort wird seit über einem halben Jahrhundert brutal gekämpft. Dort finden auf beiden Seiten nach wie vor sehr schlimme Menschenrechtsverletzungen statt. Aber von den Putin-Kritikern kommen nur sehr wenige auf die Idee, diese Politik zu kritisieren. Ich habe Putin vor einiger Zeit erlebt. Er ist ein sehr unprätentiöser Mann, der mir gewiss nicht unsympathisch ist.

Wenn man die Situation gerade in Nahost beobachtet, kann man dann immer noch Optimist sein?

Natürlich kann man Optimist sein. Denn ich glaube, mehr oder weniger intelligente Leute sind pragmatisch genug, ihre Meinung zu ändern. Ich glaube die ganze Haltung von Sharon beruht auf der Tatsache, dass er aufgrund seiner Mentalität in der Opposition sein müsste. In der Regierung ist er jetzt in eine ganz andere Politik eingebunden. Ich habe diesen Mann einmal beobachtet, sogar in einem Hotel in Tel Aviv für ihn Platz gemacht am Frühstückstisch. Er hat mich nicht einmal beachtet. Bis heute bedauere ich, dass ich ihm kein Bein gestellt habe. Das ist eine der verpassten Gelegenheiten der Weltgeschichte.

Der Satiriker Ustinov hat stets in Unterhaltungsfilmen mitgewirkt. Ihren ersten Oscar bekamen Sie für Spartacus. Wie war die Arbeit mit Stanley Kubrick?

Es war eine sehr interessante Arbeit, Kubrick war ein sehr intelligenter Mensch. Er hat mir später noch den Humbert Humbert in der Lolita-Verfilmung nach dem Nabokov-Roman angeboten. Aber es ist nichts daraus geworden.
Vladimir Nabokov war zeitweilig mein Nachbar in Montreux. Er sprach ein ganz anderes Englisch, als er schrieb. Während sein literarischer Stil stets etwas parfümiert wirkte, sprach er ein Englisch, wie man es zu Beginn des 20. Jahrhunderts in Russland beigebracht bekam.

„Viele, vor allem ältere Herrschaften in England, sind sehr verblüfft, wenn ich ihnen erkläre, dass auch die Deutschen einen sehr speziellen Humor besitzen.”

Sein Sohn wurde merkwürdigerweise Rennfahrer, aber vielleicht müssen sich die Söhne von ihren Eltern immer möglichst radikal distanzieren. Er hat damals mit aller Vehemenz bestritten, dass die Russen den ersten Satelliten, den Sputnik, ins All geschickt hätten. Als ich ihm zu erklären versuchte, dass man auch in westlicher Seite die Rakete beobachtet habe, da fragte er mich, von wo aus man das denn im Westen gesehen habe. Und als ich ihm sagte, dass die portugiesischen Beobachtungsstationen den Sputnik auf den Schirm bekommen hätten, da meinte er nur sehr verächtlich: „Denen kann man auch nicht trauen!"

Sie wohnen seit Jahrzehnten am Genfer See. Welche Verbindungen hatten Sie zu den großen Legenden, die hier leben oder lebten?

Zum Beispiel hatte ich einmal eine sehr interessante und auch amüsante Erfahrung mit Charles Chaplin. Der rief mich Mitte der 60er Jahre an und sagte, dass er in Holland einen merkwürdigen Preis mit „Er" am Anfang bekäme. Und er wüsste nicht, wie der Preis wirklich heißen würde. Ich meinte, ob es eventuell der Erasmus-Preis wäre. Er murmelte nur „oh ja ja" und wunderte sich, dass ich das so schnell wußte. Anschließend sagte er, dass er den Preis zusammen mit einem norwegischen Filmregisseur

namens Bergström oder so ähnlich bekäme. Ich meinte, ob es vielleicht Ingmar Bergman sein könne. „Ja ja", meinte er wieder, worauf ich ihm erklärte, dass dieser Mann allerdings Schwede sei.
Als ich dann auf der Veranstaltung im Beisein der niederländischen Königin meine Rede hielt, gab es keine großen Reaktionen des Publikums. Nach Beendigung meiner Rede merkte ich, wie langsam ein Applaus rieselte, wie ein kurzer Frühlingsregen. Bis auf einmal der Applaus gewaltig einsetzte, da sah ich, dass nun Chaplin hinter mir stand. Der hatte einfach einen intelligenten Komiker als Warm-up-Comedian gebraucht, um für seinen Auftritt die nötige Spannung erzeugen zu können.

Charles Chaplin war stets jemand, der die Nähe der Mächtigen gesucht hat. Dies ist sicherlich auch mit seiner Herkunft aus kleinen Verhältnissen zu erklären. Wie sind Sie mit den britischen Größen umgegangen? Was ist etwa Ihre Meinung gewesen zur „Kalten Kriegerin" Margaret Thatcher?

Man hat mich einmal im deutschen Fernsehen gefragt, warum ich mich immer gegen Mrs. Thatcher gewehrt habe. Und ich habe geantwortet: „Die Antwort ist sehr einfach. Ich bin Feminist und sie nicht". Ich glaube, dass in der Politik die wirkliche Feminität fehlt. Jemand wie Margaret Thatcher war ein Ersatzmann. Alle Damen dachten, dass es mit Thatcher einen Einbruch in eine neue Welt geben würde, aber die Tür ist ihnen vor der Nase zugeschlagen worden. Eine australische Dame drückte das mal sehr schön aus, die zum ersten großen Friedenskongress in Moskau delegiert war. Sie sagte: „In diesem Augenblick wird England regiert von einer Frau, die denkt, dass sie ein Mann ist, der denkt, dass er ein General ist." Ich fand das sehr schön. Also wenn Frauen ihre Weiblichkeit behalten, ist das natürlich ein großes Plus.

Die andere große Dame, der Sie begegneten, ist Queen Elizabeth, die Sie zum Sir geadelt hat.

Und das, obgleich ich einige Angst davor hatte. Denn es ist ein scharfes und außerdem sehr schweres Schwert, das Majestät zu halten hatte. Ich hatte also Angst, dass sie es nicht über meinen Kopf hinwegheben könnte und das Schwert von einer Schulter zur nächsten durchreißen würde. Das wäre meinem Kopf und auch meiner weiteren Arbeit nicht sehr gut bekommen. Man fragte mich damals im Vorfeld, ob ich denn knien könne. Ich meinte nur: „Knien auf alle Fälle, aber es wird für mich sehr schwer werden, anschließend wieder hochzukommen."

Gerade viele britische Politiker, natürlich auch Mrs. Thatcher, waren gegen die deutsche Wiedervereinigung.

Auf dem Kaminsims einer der beiden Oscars.

award für sir peter
ACADEMY
AWARD
PETER
STINOV

Was haben Sie zur damaligen Zeit darüber gedacht?

Margaret Thatcher dachte damals, die Deutschen seien noch aggressiv und würden es immer sein – es war ein kolossaler Quatsch, was sie damals meinte. Eine Welle, wie sie in Osteuropa losgebrochen war, kann man nicht einfach aufhalten. Es wäre wider die Natur, es wäre auch wider die Gerechtigkeit, die Welle der deutschen Einheit war von Tausenden von verschiedenen Leuten unabhängig voneinander in Gang gesetzt worden. Gorbatschow war der einzige Politiker in Europa, der sah, dass eine Welle auf den Strand brechen würde, die niemand würde aufhalten können. Insofern hat mich damals die Haltung vieler Engländer und besonders von Thatcher sehr verbittert.

Wie reagieren die Engländer bis heute auf Deutschland?

Viele, vor allem ältere Herrschaften in England, sind sehr verblüfft, wenn ich ihnen erkläre, dass auch die Deutschen einen sehr speziellen Humor besitzen. Hier ist besonders mein alter Freund, der frühere Bundespräsident Roman Herzog, für mich ein absolutes Vorbild. Oft reagieren die besagten Engländer nur mit einem spitzen „Oh", wenn ich ihnen vom Humor der Deutschen erzähle.

Aber es gibt nach wie vor einen scharfen Anti-Deutschland-Reflex in manchen britischen Medien.

Leider gibt es nach wie vor viele dumme Pamphlete in dieser Richtung, und hier vor allem in Blättern wie der „Sun" des absoluten Opportunisten Rupert Murdoch, eines Australiers, der, nur um Steuern zu sparen, Amerikaner wurde. Allzu ernst zu nehmen sind diese Meinungen zwar nicht, aber es gibt sie leider Gottes nach wie vor.

Sie sind nicht zuletzt in Deutschland wohl auch deshalb beliebt, weil Sie stets ein bescheidener Mensch waren. Was denken Sie so über Ihre beiden Oscars?

Einer davon steht mittlerweile hier mitten in meinem Zimmer. Und das vor allem deshalb, weil mich das deutsche Fernsehen darum gebeten hatte, für Aufnahmen diesen aufzustellen. Als ich meinen zweiten Oscar für Topkapi bekam, war ich gerade zu Dreharbeiten in Afrika. Als man mich dort mitten in der Nacht anrief, um mir mitzuteilen, dass man mir den zweiten Oscar verliehen habe, hielt ich das zunächst für einen Scherz. Schließlich hatte ich ja drei Jahre zuvor einen bekommen. Und als David Selznick bei mir mal zu Besuch war und sah, dass einer meiner Oscars in meinem Badezimmer stand, war er entsetzt. Dies würde schließlich das gesamte

Preisverleihungs-System in Hollywood, so dachte er, wohl nachhaltig stören.

Sie engagieren sich seit langem für die Unicef. Wie sind Sie zu diesem Engagement gekommen?

Ich habe vier Kinder, die alle mehr oder weniger intelligent, mehr oder weniger erfolgreich sind. Ich bin sehr stolz auf meine Kinder. Und die Erfahrung, solche Kinder zu haben, veranlasst einen dann schon, auch für andere, vor allem notleidende Kinder dieser Erde tätig zu werden. Schon mit dem damaligen UNO-Generalsekretär Dag Hammar-skjöld habe ich mit der Arbeit für Unicef begonnen. Seit über vier Jahrzehnten bin ich für diese Organisation tätig, die eine sehr wichtige Arbeit erfüllt. Ich habe mir auch von vornherein eine Taktik angewöhnt, den Kindern auf der ganzen Welt verständlich zu sein. Da meine thailändischen oder malaysischen Sprachkenntnisse eher gering sind, habe ich mir das Bellen angewöhnt. Ein Kind, das mich nicht versteht, kann mit mir nichts anfangen. Wenn ich einige Hundelaute von mir gebe, dann werden selbst ängstliche Kinder auf die Idee kommen, dass der, der diese Töne von sich gibt, zwar bellt wie ein Hund, aber nicht so recht aussieht wie ein solcher. Und also schöpfen sie langsam Vertrauen und kommen näher, und so kann man mit ihnen in wunder-

„Das Russisch des Papstes ist ein bisschen besser als meines.”

„Ich habe stets Angst davor gehabt,
dass ich gezwungen wäre,
ständig Recht haben zu müssen."

baren Kontakt kommen. Und durch dieses Bellen kann man die Kinder prächtig unterhalten, und sie schöpfen Vertrauen zu einem.

Und dieses Bellen ist ja für Sir Peter Ustinov bekanntermaßen auch bei Fernsehauftritten sehr wichtig.

Oh ja, öfter, wenn ich den Namen der württembergischen Statt Rottweil sehe, muss ich an die Hunde denken. Die sind zwar nicht besonders lieb, bellen dafür aber sehr schön (bellt).

Mal von etwas Tierischem zu etwas Kirchlichem. Sie haben bekanntermaßen auch schon den Papst parodiert. Hat er jemals von Ihrer Parodie erfahren?

Oh ja, ich war einmal im Vatikan. Aber bereits vorher hat er mir einmal – das war vor dem Attentat auf ihn – durch einen Kardinal, den ich gar nicht kannte, eine Botschaft aus London geschickt. Der, ein Ire, hat mich angerufen und gesagt: „Ich verstehe die Botschaft nicht, aber ich gebe Sie Ihnen weiter, wie ich sie heute morgen im Vatikan entgegengenommen habe: Wenn Sie demnächst einmal zurück nach Rom kommen, vergessen Sie nicht Ihren Tennisschläger." Also habe ich gesagt: „Er will mir wohl durch den Tennisschläger die Beichte abnehmen." Er hatte mir nämlich beim einzigen Mal, bei dem wir uns getroffen hatten, gesagt, dass er sehr gerne schwimme, aber in Castel Gandolfo wäre das beinahe unmöglich, weil die Paparazzi immer im Hubschrauber herumfliegen und ihn so nackt wie möglich sehen wollen. Und er fand das sehr unangenehm, aber am Tennisplatz sei es schwer, jemanden zu erkennen.

Er hat Sie ja dann aufgefordert, ihm Ihre Papst-Persiflage vorzuführen. Wie wie hat er auf Ihre Parodie reagiert?

Das war sehr interessant. Er hörte sie sich kurz an und meinte dann nur sehr kurz angebunden: „Oh". Das war seine ganze Reaktion. Ich nehme schon an, dass er Humor hat, aber es fällt ihm einigermaßen schwer, ihn zu zeigen.

In welcher Sprache haben Sie sich mit dem Papst unterhalten?

Letztendlich in Französisch. Er hat anfangs probiert, weil ich russischer Herkunft bin, mit mir russisch zu sprechen, aber ich muss sagen, ich kann russisch gut genug, um zu wissen, dass sein Russisch nicht so gut ist, wie viele meinen, aber ein bisschen besser als das meine. Ich habe die paar Brocken Polnisch, die ich kenne, alle benutzt. Aber er ist tatsächlich sehr beeindruckend, er hat einen Weg gewählt, den ich nie nehmen würde. Also bin ich natürlich aufmerksamer als sonst, weil andere Meinungen mich faszinieren – meine eigene kenne ich schon.

Sie haben in dem ZDF-Fernsehfilm „Deutschlandspiel" einen sowjetischen Gesandten zur Zeit der Wende gespielt. Welches waren Ihre Gefühle, als Sie den Vertreter eines solchen Systems spielten?

Es hat geholfen, dass der Gesandte nicht derselben Meinung war wie der Botschafter. Er sah es auch sehr klar, und er war nicht direkt zynisch, aber skeptisch. Und seine Szenen mit dem russischen Botschafter sind sehr komisch, weil er ein wirklicher Feind des Botschafters ist.
Ich meine auch, dass es keine menschenrechtsverletzenden Personen, sondern nur menschenrechtsverletzende Systeme gibt. Die Menschen merken nicht, wenn die Ereignisse über sie hinweg gehen. In Spanien beispielsweise haben sich die Verhältnisse vollkommen geändert, aber kaum ein Mensch hat das bemerkt.

Was empfinden Sie heute für Russland?

Sehr viel, zumal sehr lange Zeit in der Sowjetunion eine Stadt Ustinow hieß. Aber vor einiger Zeit hat man mir in Russland mit Bedauern mitgeteilt, dass diese Stadt nicht mehr so heißt. Sie hätten dem Ort einen anderen Namen gegeben. Nun ja, aber das hat meinem guten Verhältnis zu Russland keinen Abbruch getan. Ich habe ja auch vor einigen Jahren meine letzte Oper „Die Liebe zu den drei Orangen" von Prokofjew in Moskau inszeniert. Das war keine sehr einfache Arbeit, aber ich glaube, es war ein doch sehr guter Erfolg.

Wie sind Sie zur Oper gekommen?

Das war durch Georg Solti. Der hatte mich in London Anfang der 60er gefragt, ob ich nicht Lust hätte, an Covent Garden zu inszenieren. Ich habe damals unter anderem mit dem Bühnenbildner Günther Schneider-Siemssen gearbeitet, der seine Arbeit an Arnold Schönbergs „Erwartung" so ernst nahm, dass er, wenn irgend ein Detail seiner Meinung nach nicht stimmte, gleich zu weinen anfing.

Es ist ja bekanntlich nicht immer einfach, mit Sängern als Regisseur zu arbeiten.

Oh nein, da ist es mir einmal in der Deutschen Oper in Berlin passiert, dass ein Sänger partout nicht auf die Seite der Bühne gehen wollte, auf die ich ihn gebeten hatte, hinzugehen. Als ich ihm sagte, dass der Sänger, der hinter ihm aus einer Tür heraustreten würde, gar nicht mehr zu sehen sei, weil er ihn verdecken würde, fragte er mich nur: „Ja und?"

Und nach wie vor haben Sie Ihre musikalischen Abende. Aber Sie malen ja auch bekanntlich.

Ja, gelegentlich tue ich das sehr gerne, zumal wenn ich damit die Einbände meiner Bücher noch verschönern kann.

Auch für „Der alte Mann und Mr. Smith" haben Sie zum Zeichenstift gegriffen. War der alte Mann, sprich Gott, nicht ein zweiter Ustinov?

Nur der alte Mann, nicht auch der Teufel?

Wie man es nimmt. Aber wenn man schon göttliche Vorbilder hat, haben Sie neben Gorbatschow auf Erden noch andere Vorbilder? Vielleicht in der Politik?

Ja, ein Mann, den ich sehr bewundere, ist auch Nelson Mandela. Im Verein mit Bischof Tutu und Kofi Annan hat er viel für das von Aids, Kriegen und Hunger geplagte Afrika getan. Er hat diesem Kontinent so etwas wie Hoffnung zurückgegeben.

„Als ich einmal mit Queen Elizabeth getanzt habe,
war sie wohl wie ich ebenso froh,
dass es ein kurzes Musikstück war...”

Zeichnung: Rainer Schöttgen

Und Sie selbst: Sie wollten nie in die Politik gehen?

Oh nein, ich habe stets Angst davor gehabt, dass ich gezwungen wäre, ständig Recht haben zu müssen. Auch der Humor ist ja in der Politik nicht allzu sehr verbreitet. Sehr gut hat mir da schon wieder ein Mann wie der kanadische Ministerpräsident Pierre Trudeau gefallen. Der wurde einmal, noch bevor er Ministerpräsident war, von einigen angefeindet, weil er in Sandalen im Parlament erschienen war. Ich meinte daraufhin nur zu ihm, dass er im alten Rom genau die richtige Fußbekleidung gehabt hätte, und die anderen, nämlich die Schuhträger, dort unmöglich gewesen wären.

Sie haben mit den Menschen in unterschiedlichsten Bereichen gearbeitet. Und um die EXPO in Hannover einigermaßen für Touristen interessant zu machen, sogar mit Frau Feldbusch. War das nicht beinahe eine zu intellektuell-komplizierte Arbeit für Sie?

Ich finde, dass diese Dame sehr intelligent sein muss. Denn wer sich so gekonnt als dumm verkaufen kann, muss schon sehr intelligent sein, um das zu tun.

Sie haben von Ihren Kindern gesprochen. Glauben Sie nicht, dass es für Ihre Kinder sehr schwierig war, sich aus Ihrem Schatten zu lösen? Ihr Sohn etwa ist ja trotz des beinahe übermächtigen Vaters in seinem Beruf sehr erfolgreich geworden.

Absolut. Er ist ein sehr bedeutender Bildhauer, lebt seit vielen Jahren in Paris. Ich habe einige seiner Ausstellungen besucht. Ich finde es sehr beachtlich, was er leistet und es ist für ihn sehr gut, dass er auch seinen eigenen Weg gefunden hat.

Auch Ihre jetzige Frau Hélène scheint für Sie sehr wichtig zu sein. Wohl auch in beruflicher Hinsicht?

Meine Frau hat öfter mit mir zusammen gearbeitet, hat mich etwa dabei unterstützt, Mitte der 80er-Jahre den Film über Russland zu drehen und das Buch zu schreiben. Sie selbst ist Journalistin und konnte mir stets gute Ratschläge geben.

Sie haben es stets vermieden, allzu viele Details über Ihr Privatleben bekannt zu geben. Darin unterscheiden Sie sich von vielen Prominenten. Warum haben Sie das nicht gewollt?

Sollen später ruhig meine Kinder über mich und unser Familienleben schreiben. Vielleicht stehen ihnen dann neue psychologische Erkenntnisse zur Verfügung. Ich für meinen Teil habe das dazu gesagt und geschrieben, was ich für nötig hielt. Mehr gibt es dazu von meiner Seite aus nicht zu sagen.

In Ihrem Stück „Endspurt" beschreiben Sie die verschiedenen Lebensstadien eines Mannes. Hat da viel Autobiographisches hineingespielt?

Nein, denn als ich das Stück geschrieben habe, war ich noch keine 50. Das ist über 30 Jahre her, das war ein Produkt meiner Phantasie. Jetzt bin ich über 80, es könnte also viel von meinem eigenen Leben dort mit hinfließen. Es waren freilich auch Erfahrungen von Begegnungen mit anderen Menschen, die man gesammelt hat, die in „Endspurt" zum Tragen kamen.

Und wie ist das für den international Gefeierten? Genießt man es, überall willkommen zu sein?

Meistens schon, aber als ich vor vielen Jahren einmal in Malaysia gastierte, bekam ich vorher ein Formular ausgehändigt, in dem mir mitgeteilt wurde, dass ich die Gäste nicht zum Tanzen auffordern dürfte und mich auch nicht ins Publikum setzen sollte. Nun war ich mein Leben lang kein guter Tänzer. Als ich einmal mit Queen Elizabeth getanzt habe, war sie wohl wie ich ebenso froh, dass es ein kurzes Musikstück war und wir uns bald wieder hinsetzen

„Ich denke, dass Zweifel ein großer Ansporn für die Gedanken sind."

konnten. Was hatte es mit diesem Tanzverbot nun auf sich? Zu dieser Zeit waren zahlreiche reisende Nutten in Südostasien unterwegs. Und um dem ausufernden Treiben dieser Damen einen Riegel vorzuschieben, durfte kein Künstler, vor allem keine Künstlerin, mit Gästen tanzen oder sich für Flirt-Versuche ins Publikum begeben. Und so kam auch ich in den Genuss dieses Tanzverbotes.

Wie gehen Patrioten mit einem Kosmopoliten wie Ihnen um?

Vor einigen Jahren war ich in Israel in Gesellschaft einiger Rabbiner. Sie fragten mich, was es für mich bedeuten würde, jüdisches Blut zu haben. Ich habe ihnen gesagt, dass mir zu meinem Glück jetzt noch indonesisches oder indisches Blut fehlen würde. Sie waren daraufhin ziemlich verwundert, haben mich nach einiger Zeit aber dennoch um Autogramme gebeten.

Sir Peter, sind Sie ein Philosoph des Lachens?

Ja, langsam traut man mir ja auch zu, ein Philosoph zu sein, auch wenn ich gelegentlich die Menschen zum Lachen bringe. Ich konnte aber schon immer sehr ernst sein und ich entdecke immer mehr, dass ich, wie ich schon sagte, kein Engländer, sondern eigentlich ein Russe bin. Der Engländer hat diesen direkten Zugriff zum Humor, alles soll immer schnellstmöglich komisch wirken. Der Russe dagegen liebt die Tragikomik.

Wie in den Stücken von Tschechow?

Genau. Der Mensch in seiner ganzen Dimension kann durchaus komisch sein. Es muss aber nicht immer überdeutlich gemacht werden, dass man lachen muss.

Und Sie äußern auch gelegentlich sehr deutlich ihre Meinung. Beispielsweise kommt Napoleon bei Ihnen schlechter weg, als das wohl viele Ihrer französischen Verehrer vertragen können.

Ich halte Napoleon tatsächlich für einen schrecklichen Menschen. Als Tyrann hat er für mich durchaus Ähnlichkeiten mit Hitler. Ich denke da etwa daran, dass Napoleon Metternich gesagt haben soll, ihm seien Menschenleben vollkommen egal. Metternich daraufhin: „Majestät, darf ich die Fenster aufreißen, damit ganz Europa das hören kann?"

Gibt es auch Schriftsteller oder Komponisten, mit denen Sie nicht zurecht kommen?

Allerdings, mit Wagner zum Beispiel ganz und gar nicht. Die Handlungen sind mir immer etwas fremd gewesen, und wie ich von meiner Mutter gehört habe, soll das bei uns in der Familie liegen. Schon mein Großvater hat in St. Petersburg während Wagner-Aufführungen gerne geschlafen.

Sie selbst sind jetzt über 80 Jahre alt. Welche Frage möchten Sie persönlich selbst gerne beantwortet haben?

Man hat mich gefragt, was ich sagen würde, wenn ich Gott treffe. Und ich habe geantwortet, ich würde sagen: „Oh einen Augenblick, bevor ich es vergesse …" Ich denke, dass der Zweifel ein großer Ansporn für die Gedanken ist. Ich glaube, dass Zweifel viel, viel überzeugender als Überzeugungen sind, weil Überzeugungen die Menschen trennen. Man sieht es bei den Religionen, das ist eine tragische Sache. Aber die Zweifel halten die Menschheit zusammen, weil wir alle dieselben Fragen zu stellen haben. Darum glaube ich, dass die Welt ärmer und ein bisschen verloren wäre, wenn wir auf einmal alles wüssten.

Wie reagieren Sie auf das Böse? Wie reagieren Sie auf Aggressionen?

Ich denke da an einen Zwischenfall vor einigen Jahren in London. Ich wollte gerade zu meinem Auto gehen, da kamen mir ein paar englische Skins entgegen. Und ich wusste genau, dass, wenn ich jetzt mein Auto aufschließen würde, sie mich überfallen würden. Sie waren voller Aggressionen. Und ich fing mit einem Mal mit meinem lautesten Deutsch an zu brüllen: „Eine Unverschämtheit ist das. Wenn Sie nicht sofort verschwinden, rufe ich den Obersturmbannführer, der wird Sie schon zurechtweisen." Diese Typen waren über die fremde Sprache und über mein Gebrüll offensichtlich so schockiert, dass sie augenblicklich das Weite suchten. Also hat hier vielleicht ein Geistesblitz über diese Aggression triumphiert.

*

Sir Peter Ustinov: Biografie in Kürze

Von 1934-37 besucht Peter Ustinov die Eliteschule Westminster, anschließend arbeitet er am Theatre Studio bei Michael St. Denis. Schon bald erfolgt sein Bühnendebüt, 1938 tritt er am Barn Theatre von Shere auf. Ein Jahr später führt er sein eigenes Stück „The Bishop of Limpopoland" in London auf. 1940 steht er in „Hullo, Fame!" erstmals vor der Kamera. Mit dem Krieg und dem Armeedienst von 1942–46 beginnt für Ustinov eine ruhige Zeit. Er schliesst sich der Film-Einheit an, um dort wenigstens einige Erfahrungen zu sammeln. Gleich nach Beendigung seines Militärdienstes entsteht seine erste Regie-Arbeit: „School for Secrets" (1946) ist eine prominent besetzte Mischung aus Komödie, Drama und Dokumentation um die Erfindung des Radars.

1951 schafft er den Sprung nach Hollywood: In Mervin LeRoys römischem Antikenfilm „Quo Vadis" erlangt Ustinov als vertrottelter Kaiser Nero den Durchbruch. Auch seine darstellerische Leistung in Michael Curtiz' „Wir sind keine Engel" (1955) wird von Kritikern und vom Publikum hoch gelobt. Eine Glanzleistung ist die Rolle des Manegenmeisters in „Lola Montez" (1955, Max Ophüls). Für den Part des habgierigen Sklavenhändlers Lentulus Batiatus in Stanley Kubricks „Spartacus" (1960) an der Seite von Titelheld Kirk Douglas und Tony Curtis wird er mit einem Oscar als bester Nebendarsteller ausgezeichnet. Vier Jahre später folgt für seine Darstellung als Arthur Simpson in Jules Dassins „Topkapi" der zweite Oscar.

Doch Ustinovs schauspielerisches Talent adelt auch mittelmäßige Filme. Er verstand es, durch seine virtuosen Interpretationen der Nebenrollen aus durchschnittlichen Filmen sehenswerte zu machen. Anfang der 60er Jahre ist er sowohl als Schauspieler als auch als Regisseur erfolgreich. 1961 entsteht seine auf den Kalten Krieg zielende satirische Komödie „Romanoff und Juliet". Ein Jahr später produziert er den Abenteuerfilm „Billy Budd". Seit den späten Siebzigern versuchte er des öfteren als belgischer Detektiv Hercule Poirot in mehreren Agatha-Christie-Adaptionen für Kino und Fernsehen mysteriöse Morde zu klären: In dem preisgekrönten

„Tod auf dem Nil" (1978), „Das Böse unter der Sonne" (1982), „Mord à la carte" (1985), „Tödliche Parties" (1986), „Mord mit verteilten Rollen" (1986) und „Rendezvous mit einer Leiche" (1987). Gelegentlich übernahm er auch kleine Fernsehrollen wie in der Serie „Jesus von Nazareth" (1977), in „In 80 Tagen um die Welt" (1988), als Mirabeau in „Die Französische Revolution" (1989) oder als Professor in dem Kinofilm „Lorenzos Öl" (1992).
Peter Ustinov ist ein Multitalent. Er arbeitet für Theater- und Opernbühnen, Film und Fernsehen, ist beliebt als Erzähler, als Synchronsprecher und Musikclown. Ustinov kann auf eine Karriere als Schauspieler, Regisseur, Autor und Journalist zurückblicken.
Weitere Film-Highlights mit Peter Ustinov:
„Beau Brummell – Rebell und Verführer" (1954), „Komödianten" (1956), „Der Hund, der Herr Bozzi hieß" (1957), „Der endlose Horizont" (1959), „Lady L." (1965), „Beach Red" (1967), „Die Stunde der Komödianten" (1967), der Kinderfilm „Käpt'n Blackbeards Spuk-Kaschemme" (1967), „Flucht ins 23. Jahrhundert" (1976), Peter Ustinov als Chinese in Clive Donners „Charlie Chan und der Fluch der Drachenkönigin" (1981) und jüngst als Kurfürst Friedrich der Weise in Eric Tills „Luther" (2003).
Seit 1969 ist Ustinov sowohl Botschafter der Unesco als auch Botschafter der Kinderhilfsorganisation

„Die Peter-Ustinov-Stiftung hat es sich zum Ziel gesetzt, weltweit Kindern in Not zu helfen."

Unicef. 1990 verlieh ihm Königin Elizabeth von England den Titel „Sir". 1994 erhielt er den Deutschen Kulturpreis. 1997 wirkte er als Horace in der Komödie „Stiff Upper Lips" mit. Er lebt heute in der französischen Schweiz.

Sir Peter Ustinov: Wichtige Bücher und Tonträger

Folgende Bücher, Kassetten etc. sind im Handel erhältlich: (Stand: Mai 2003, Angaben ohne Gewähr)

Über das Leben und andere Kleinigkeiten. (Taschenbuch – 2000).

Der Alte Mann und Mr. Smith. (Gebundene Ausgabe – 1991).

Die Heirat und andere Komödien. (Gebundene Ausgabe – 2000).

Ein Abend mit Peter Ustinov. Cassette, Hörkassette.

Halb auf dem Baum und andere Komödien, Marion von Schröder Verlag, Gebundene Ausgabe.

Ich und Ich, Taschenbuch.

Der Intrigant, Zwei Novellen, Taschenbuch.

Karneval der Tiere / Des Esels Schatten, Gebundene Ausgabe.

Krumnagel, Taschenbuch und gebundene Ausgabe.

Der Mann, der es leicht nahm, Gebundene Ausgabe.

Mit besten Grüssen, Taschenbuch.

Monsieur René, Gebundene Ausgabe.

Neues aus der alten Welt, Taschenbuch.

Peter Ustinov. „Ich glaube an den Ernst des Lachens", von Felizitas von Schönborn, Taschenbuch.

Peter Ustinovs geflügelte Worte, Gebundene Ausgabe.

Sir Peter Ustinov live. Audiobook. Zwei Cassetten. (Englische Ausgabe), Hörkassette.

Ustinovs kleines Welttheater. Staatsmänner, Stars und andere Kollegen, Taschenbuch.

Der Verlierer, Taschenbuch.

Was ich von der Liebe weiß, Taschenbuch. Geburtstagsedition, Gebundene Ausgabe.

Karneval der Tiere / Des Esels Schatten, Taschenbuch.

Die Peter Ustinov Stiftung

Ziel und Zweck der Peter Ustinov Stiftung

Aus der Satzung:

„Ziel der Stiftung ist die Unterstützung und Erhaltung des humanitären Geistesgutes im künstlerischen und geistigen Sinne des Stifters. Zweck der Stiftung ist es, die sozialen, gesundheitlichen, geistigen und seelischen Bedingungen von Kindern und Jugendlichen jeden Alters, ohne Rücksicht auf Herkunft, Abstammung oder Glauben zu verbessern und/oder zu helfen, Kinder und Jugendliche in eine lebenswerte, am Optimismus orientierte Zukunft zu integrieren. Zur Erreichung dieses Zweckes kann die Stiftung alle Maßnahmen unterstützen, die geeignet sind, diesem Zweck zu dienen.

Die Stiftung kann zur Erreichung ihrer Stiftungszwecke auch andere gemeinnützige Stiftungen und Organisationen beteiligen oder sie durch Zuwendungen unterstützen. Die enge Zusammenarbeit mit dem Unicef-Kinderhilfswerk wird vorrangig angestrebt."

Seit über dreißig Jahren arbeiten Unicef und Sir Peter Hand in Hand. Diese Partnerschaft findet natürlich auch in der Stiftung ihre angemessene Einbindung. Zu dieser jahrzehntelangen Freundschaft schrieb Unicef:

„Seit 1968 ist der zweifache Oskargewinner Sir Peter Ustinov Unicef-Botschafter. Bis heute ist der jetzt 79-Jährige für Unicef unterwegs und besucht Hilfsprojekte in aller Welt. 1986 und 1993 drehte er eigene Dokumentarfilme über die Situation von Kindern in China und Russland. Bei zahlreichen Fernsehauftritten, Pressekonferenzen und Veranstaltungen wirbt er um Hilfe für die Belange der jungen Generation."

Durch sein internationales Ansehen als Künstler und durch die Beharrlichkeit seines Einsatzes hat er mehr als irgendeine andere Persönlichkeit dazu beigetragen, die Not der Kinder in den Blick der Öffentlichkeit zu rücken. „Ich habe viel Liebe bekommen. Aber ich wusste nicht, wie ich sie zurückgeben sollte. Ich hatte keine Brüder und Schwestern. Aber ich habe durch Unicef einen Weg gefunden", sagt Sir Peter.

Über die Zusammenarbeit mit Unicef hinaus beteiligt sich die Stiftung gezielt an vorbildlichen Projekten, die von erfahrenen und vor Ort ansässigen Fachleuten betreut und kontrolliert werden. So hat der Stifter die Sicherheit, dass auch jede in seinem

Namen gespendete Mark unmittelbar ihre eigentliche Bestimmung erreicht.

Die Peter Ustinov Stiftung hat es sich zum Ziel gesetzt, weltweit Kindern in Not zu helfen:

*

Den Hilferuf von sechs Millionen hungernden Kindern an uns Erwachsene dürfen wir nicht überhören.

*

Wir haben die Verantwortung, den Kindern dieser Welt eine optimistische und lebenswerte Zukunft zu ermöglichen.

Helfen wir gemeinsam.

Brasilien

Lernen für eine bessere Zukunft

In brasilianischen Dörfern leben unzählige Kinder in bitterster Armut. Es fehlt am Nötigsten. Die meisten Eltern haben kein Geld, um ihre Kinder zur Schule zu schicken.

Zeichnung: Rainer Schöttgen

Zusammen mit unserem Partner, der Global Harmony Foundation, ermöglicht die Peter Ustinov Stiftung Kindern in der ländlichen Region Tersopolis-Friburgo den Schulbesuch und beschreitet Wege, um ihre Armut langfristig zu besiegen.

Eine Chance für die Ärmsten

Jedes Kind verdient die Chance, etwas zu lernen, um dem Elend aus eigener Kraft zu entkommen! Um möglichst vielen Kindern den Weg aus der Armut zu ebnen, wurde vor vier Jahren in der Region Tersopolis Friburgo ein Hilfsprojekt ins Leben gerufen. Seitdem können auch Kinder aus den ärmsten Familien die Schule besuchen.

So hilft die Peter Ustinov Stiftung

Hunderte Kinder haben hier bereits Lesen, Schreiben, Rechnen und noch weitaus mehr gelernt. Zurzeit ermöglichen wir 165 Kindern den Schulbesuch. Die Jungen und Mädchen erhalten dort alle Voraussetzungen, um später einen Beruf zu erlernen, der das Einkommen ihrer Familien sichert. Neben der geistigen Förderung wird in der Schule auch Wert auf die körperliche Entwicklung gelegt. Jedes Kind bekommt eine Mahlzeit und wird ärztlich betreut. Für kommende Generationen soll das Angebot noch erweitert werden.

Niger

Einsatz für nomakranke Kinder im Niger

Ein neues Gesicht für ein neues Leben

Die Peter Ustinov Stiftung setzt sich im westafrikanischen Niger für die Bekämpfung von Noma ein, einer Krankheit, die Kindergesichter zerstört. Ziel der Peter Ustinov Stiftung ist es, Noma durch Aufklärung der Bevölkerung und rechtzeitige Früherkennung zu verhindern und betroffenen Kindern zu helfen.

Operationen für ein neues Leben

Neben der Krankheit ist die Isolation das größte Problem von Nomakranken. Wegen ihrer verstümmelten Gesichter werden die Kinder wie Aussätzige gemieden. Nur Operationen, in denen das Gesicht wiederhergestellt wird, können helfen. Ein neues Gesicht bedeutet für diese Kinder soviel wie das Geschenk eines neuen Lebens. Doch Operationen im Bereich der plastischen Chirurgie sind aufwändig, schmerzhaft und sehr teuer. Deshalb ist es das Ziel, die Krankheit bereits im Frühstadium zu bekämpfen, bevor es zu Entstellungen kommt.

So hilft die Peter Ustinov Stiftung

Zusammen mit unserem Partner, der Hilfsaktion Noma e.V., wurden im Niger zahlreiche Programme zur Bekämpfung von Noma ins Leben gerufen. Die Aufklärungsarbeit trägt bereits Früchte. Durch den Einsatz von Antibiotika konnten die ersten Kinder rechtzeitig der Krankheit entrissen und geheilt werden.

Wenn aber ehemals strahlende Kindergesichter bereits von der tückischen Krankheit gezeichnet sind, ist eine Operation die einzige Möglichkeit, Kindern den Weg zurück in ein menschenwürdiges Leben zu ermöglichen. Mit Hilfe der Peter Ustinov Stiftung wurde deshalb im Niger die La Manga-Klinik für Nomakranke errichtet. Mit der Aufnahme des Klinikbetriebes können die Kinder nun im Heimatland behandelt werden, sodass sie nicht länger die teure und anstrengende Reise nach Europa auf sich nehmen müssen.

Sir-Peter-Ustinov-Friedensschule in Afghanistan

Die Sir-Peter-Ustinov-Friedensschule liegt ca 50 km nördlich von Kabul im Distrikt Paghman. Der Unicef-Botschafter Sir Peter Ustinov finanziert diese Schule aus seiner Stiftung mit. Voraussichtlich ab

Herbst 2003 werden hier 1000 Kinder unterrichtet werden. Mit der „Unicef Gesamtschule Sir Peter Ustinov" in Monheim hat diese Schule bereits jetzt eine deutsche Patenschule.

Die Autoren:

Henning Karl Frhr. v. Vogelsang

Liechtensteiner, geboren 1943 in Lübeck (D), verh., 4 Kinder, Publizist, Kulturredakteur in Liechtenstein, Vaduz, Mitglied u. a. in: „P.E.N.-Club", „Writers in Prison Comittee" des P.E.N., „Humboldt-Gesellschaft für Wissenschaft, Kunst und Bildung", Publikationen: „Papst Johannes Paul II. im Fürstentum Liechtenstein"; „Nach Liechtenstein – in die Freiheit"; „Kriegsende – in Liechtenstein"; „Die Armee, die es nicht geben durfte (Das Schicksal der Ersten Russischen Nationalarmee der Deutschen Wehrmacht)"; „Nein, nein, du bist keine Jüdin! (Im Gespräch mit Salcia Landmann)"; „Gundi Groh – ein Künstlerporträt" etc.

Timo Fehrensen
1970 in Hannoversch Münden geboren; Studium der Geschichte und neueren deutschen Literatur in Berlin. Seit 1992 Kulturjournalist für Zeitungen und Rundfunkanstalten; Autor von Features, Hörspielen und Drehbüchern. Seit 1995 Dramaturg an verschiedenen deutschen Theatern.
Publikation: „Sternstunden des deutschen Films", München 2000.